편안한 흔들림

편안한
흔들림

구재기 시집

문학의전당

自序

시가 써지지
않는 것은
문제가 아니라
문제로 드러나는 것이다
그럴 때마다
시를 안 쓴다는 것이
쓴다는 것보다도
더 두려워진다

바람은 오늘도
눈에 보이지 않게
불어왔다가 불며 간다

2011년 2월
산애재蒜艾齋에서
구재기丘在期

차례

1부 반신욕을 하다

2부 지상의 하늘

3부 보물

4부 상처의 빛

1부

반신욕을 하다

흔들의자

등을 기대고 앉아 있으면
세상이 흔들린다 흔들린다는 것이
이토록 편안할 줄이야
창밖으로 보이는 바다, 그 물결이
출렁이면서 바다가 살아있다는 것이
보인다 도무지 마음 가지 않은 것들도
한 번쯤 흔들리고 나면 정이 붙는다
흔들릴 때마다 하늘이 내려와 앉고
멀리 보이는 작은 섬들이 치솟다가
물속에 잠기기도 한다 한여름
무더위가 씻은 듯이 사라질 무렵
흔들리며 살아간다는 것이 안심이 된다

배 한 척이 수평선 위에 뜨기까지
얼마동안이나 육지를 밀어내며
흔들려 나아갔을까 한 발자국도 내딛을 수 없는
세상에서 혼자서만 편안하게
흔들리고 있는 나를 본다

50을 보내면서

하늘 한가운데
동그마니 매달려 있는
홍시 하나, 너무 붉어 있다
헉헉 격한 역경을 벗어던지고
이제는 외로워지는 연습이다
잘하던 일도
차츰 지체해지다 보면
앞서 발걸음을 빨리하는 바람의 뒷모습이
점점 측은히 보이기 시작한다
뒷덜미를 파고드는 한낮의 햇살을 모아
자꾸만 쌓아가면서도
그것이 점점 무게로 더해지는 걸 안다
홍시에게로 드리워진 수많은 촉수
강한 흡반吸盤의 기력으로부터 외면당하면서
별로 알려져 있지 않은 일에까지
나 자신에게로 돌아오는
나를 잊어야 할 나날들
재생하듯 속도를 더한다

하늘 한가운데로 흐르는

바람의 무게가 날로 덜어지고 있다

자작나무 한 그루 되어

나의 알몸이 하얗게
백일하에 드러나기까지에는
나의 장식부터 벗어버려야 했다
봄이 화려함으로 급히 지나가고
여름이 몸부림으로 다할 때까지
얼마나 큰 부끄러움을 가려왔던가
가을에 들어선 이제
산과 들에 열매로 가득할 때까지
얼마나 큰 욕심으로 매달려 왔던가
무성한 장식을 하나둘씩
모두 버리고 나서야 비로소 하늘이 보이고
나의 알몸이 하얗게 드러났다
장식을 홀가분히 버리고 나면
어느덧 하늘을 알 나이에 이르고
자작나무 한 그루가 되어
산녘에 홀로 서 있어도
전혀 슬프거나 외롭지도 아니하나니
고산심곡高山深谷 숲 속이라야
맑디맑은 물 내리흐르는 까닭을 어이 모르겠는가
어두운 밤일수록 더더욱

달 하나, 별무리 내려와 몸을 적시며
밝게 닦아내는 걸 왜 모르겠는가

개 1

한 마리의 개가
기둥에 튼튼히 묶여 있다
묶인 끈을 끊지 못하는 개는
주변을 빙빙 돌며
두 눈 가득 먼 산을 안을 뿐이다
개에게 주어진 주변에는
밤새 속앓이 한 개똥이
앙살부리듯* 또아리를 틀고 있다
낯선 사람들의 구원이라도 받을까
온 힘을 다하여 컹컹 목소리를 내보지만
몇 발 다가서던 발길도 기겁하며 달아난다
지친 심신을 달래며, 일생으로
주변을 돌며 살아갈 수밖에 없다
땡볕 아래 헐떡이며 늘여지는
한여름의 개, 그 긴 혓바닥의 운명
기둥에 묶인 낯익은 육신 하나가
끊임없이 제 주변을 돌고 있다

* 앙살부리다 : 엄살을 피우며 반항하는 태도를 일부러 나타내다

개 2

대문 안에 들어서자
개 한 마리가 짖어댄다
참 기가 막히다
저만큼 떨어진 말목에
단단히 묶여 있는 개 주제라니
나를 똑바로 바라보면서 계속 짖어댄다
그러나 짖어대는 개일수록
두 눈을 똑바로 마주하고 꼰아보면*
스르르 꼬리를 내리고 마는 법
어느새 개는
눈동자를 슬그머니 내리깔더니
말목 주위를 돌기 시작한다
돌면 돌수록 바싹
제 목을 스스로 죄어가는 개

나는 내 목을 옥죄고 있는
넥타이를 더욱 바짝 조여 대면서
꼬리마저 내려버린 채
슬슬 내 눈치를 살피는 개에게
그지없는 미소를 보냈다

* 꼰아보다 : '꽂아보다' 의 충남 서천지방의 사투리

연탄재를 차, 둥글리고 싶다

연탄재를 차, 둥글리고 싶다

한길가 쓰레기 더미에서
어쩌다 한길로 굴러 떨어진
연탄재 하나 만나면
그냥 차, 둥글리고 싶다

두 눈에 힘을 주어
연탄재를 차 둥글리면
풀풀 날리는 희뿌연 먼지
온통 발등을 덮고
바지깃까지 뒤덮여 오른다

저만큼 떨어져 나간
타나 남은 연탄재에서
검은 머리칼처럼
거뭇거뭇 보이는 것이 역겹다
온통 하얗게 태워버린
백발의 연령이 반가운 지금

한때의 부질없던
이글이글 타올랐던
이순의 깊은 속
쓰레기 더미에서 끌어내려
차, 둥글리고 싶다

날이면 날마다
햇귀* 속을 걷고 있는
내가 나를, 이제
힘껏 차, 둥글리고 싶다

연탄재 같은 나를 차, 둥글리고 싶다

* 햇귀 : 해가 처음 솟을 때의 빛

주검에 대하여

창문을 열자
아침 바람에 일제히 날리는
하루살이 떼, 그 주검들

밝은 불빛만을 찾아
열과 성을 다하여
송두리째 바쳤던 일생도
창문을 열 듯 열어젖히고 보면
바람처럼 가벼운 주검이었구나

순간, 자랑처럼 늘어놓았던
내 일생의 종말을 미리 본 듯하여
곤한 아침잠 속의 아이들이
깨어날까 봐
서둘러 창문을 닫았다

물고기

평생을
맑은 물만 찾아
살아왔는데

두 눈, 감을 일이 무엇이냐

살아서 떳떳하면
죽어서는 더욱 당당하다

한 패륜의 식탁에서
선어鮮魚 한 마리
두 눈을 부릅뜨고 있다

무녀리에 대하여

무녀리라는 말이 참 좋다.
맨 먼저 태어난
짐승의 새끼라는 뜻도 있지만
언행이 좀 모자란 '못난 사람'을
낮추어 부르는 의미가 더욱 좋다.
'무녀리, 무녀리!' 하고
계속 부르다 보면
어쩐지 온몸이 잦아지는 듯하다
오, 무녀리가 되어
잦아지는 몸으로 쭈그려 앉아
세상의 엄청난 존재를 우러르고 싶다
무녀리가 될 수 있다는 것
그렇다, 그래,
농익어 가는 시인들의 술좌석에서
갑자기 무녀리라 스스로를 외치는
이름 높은 시인
시인이 아닌 사람이 누가 있으랴
다만 시를 쓰는 것은
한 세기만에 하나 나올 듯 말 듯한
하늘이 낳는 시인을 기다리고 있다는 것

오, 그렇구나,
우리 모두 무녀리 시인이 된다
메시아 같은 시인을
간절히 기다리는 시인 무녀리가 된다
땅을 파고 비를 기다리면서
땅과 하늘만을
굽어보고 우러르는
이 나라의 철저한 무녀리 백성들이 된다

T셔츠를 몸에 걸치고 나서

모조리 가려주고 숨겨줄 수 있을까?
지친 일상의 몸도 모조리 내 놓는 것은
언제나 문제가 된다

불순한 피가 병이 되어 몸으로부터 빠져 나오듯
T셔츠를 몸에 걸치고 나서
뾰쪽 삐져나온 손목을 다시 본다
불쑥 튀쳐 나온 목 위로 치솟아난
이목구비가 문제다

차마 다하지 못하여
살아온 게 무엇인지
오늘도 세상을 바라보고
세상과 함께 말하고 듣다 보면
온통 가려주고 숨겨주어야 할 것뿐

진주가 되기 위하여
돋아난 상처가 영광일 수 없다
서로 나누지 못할 위로가 사라짐에야
삐치고 뛰쳐나온 손과 얼굴이 무엇이랴

T셔츠를 몸에 걸치고 나서
항상 가려주고 숨겨주지 못한 나의 일부가
남루한 겨울의 청산처럼
무적無籍의 환상幻想으로 길들여 감을 본다

반신욕을 하다

반신욕을 한다
내 몸의 모두가 아닌 반 정도
40° 의 물속에
배꼽까지 몸을 담그고
노고의 땀을 흠뻑 기다린다
지루한 시간, 때때로 장자를 읽다가
법구경 몇 페이지를 넘기다가 보면
나는 언제 어디서나 이렇게
반신욕으로 살아간다는 느낌이 든다
내 몸의 형체인 그림자에서
내 모습을 찾아볼 수 없는 것도
하찮은 일에 얼굴을 붉히며
아귀다툼을 할 때도 보면
분명히 나의 모든 것을 드러낸 적이 없다
그래, 항상 반신욕을 하며 살아가면서도
반신욕을 하고 있다는 것을 잊고 살아간다
그렇다.
내 삶의 자취를 끊기는 쉬워도
내 삶의 길을 걸어 다니지 않기는 어렵다.
내 몸의 모두가 아닌 반 정도

40° 의 물속에서 반신욕을 하다보면
담그지 않은 내 몸의 반쪽이
자꾸만 안으로 뜨거워져서
밖으로는 쉬임없이 땀을 쏟아놓는다.

녹

무엇이든지 겉으로 드러나는
녹을 가지고 있다
천 근의 무게를 가지고 있는 쇳덩이는
천 근의 무게를 감싼 녹을 가진다
아무리 "녹슬었다!" 외면하여도
녹은 결코 부끄럼 없이 온몸을 감싼다
감싼 녹은 부끄럼 없이
온몸을 보인다

안에 지닌 마알간 본연의 속살

나무도 엄연한 녹을 가진다
나무의 녹은 나무껍질
껍질 속에 온갖 벌레들을 키우며
맑고 순한 나무의 향을 기르며
땅속 깊이에서 물을 빨아올린다
녹 속에는 하이얀 나무의 속살이 자리한다

사람에게도 옷이란 녹이 있다
녹을 다 벗어 던지면, 아, 무엇인가

아무것도 전혀 보이지 않는 것은 무엇인가
녹 속에 자리하고 있는
사람들은 매양 녹을 갈아입지만
녹 속에 보이는 것이란
언제나 보이지 않는 무량뿐이다
녹과 녹 속의 무게가
서로 다른 사람들에게는
녹이란 아예 자리하지도 않는다

적멸보궁寂滅寶宮

천둥 번개
폭우가 핥아놓은
흙탕물 속에서도
샘물은
맑게 솟아오른다

이 세상에 처음으로
울음을 터트린
아기의 맑은
눈망울

60을 맞으며

먼 산을
바라보는 시간이 길어졌습니다
먼 산이 한결
다감하게 다가오고 있는 걸
바라볼 수 있는 시간이
넉넉하여졌습니다.
그럴 때마다
발 빠르게 걷던 길들이
피곤처럼 보이곤 하였습니다

하늘 한가운데로 흐르는
바람의 무게가
조금씩 더해지고 있습니다

귓구멍을 후비며

머리를 가운데로 한
두 귓구멍은 넓을 필요가 없다
양쪽 모두 귓바퀴 안에
들려오는 소리를 모으라는 게 아니다
한쪽에서 들어오는 길은 넓히고
머리에 걸러 놓고는
필요 없는 것은 다른 길을 좁혀
그냥 흘려보내라는 길일 뿐이다
들어오는 모든 소리들은 다 듣고
신께서, 그렇게 머리를 가운데로
꼭 필요한 것만 모아두라고
두 길의 출입을 창조하신 것이다
그렇다면 나의 머릿속에는
지금 무엇이 모아 있는 것일까
아무리 두드리고 흔들어 보아도
텅 비어있는 나의 머리
그동안 얼마나 많은 것들을
그냥 흘려보내고 있었던가
머리로부터 좌우로
생각은 수로水路처럼 물 흐르듯 흘러나가고

남아 있는 것은
오직 갈대숲의 흔들림뿐이다
부드러운 솜뭉치로 귓구멍을 후벼내고 보면
걸려나오는 것이라고는
텅 비어 있는 나의 하루하루
그 누런 귀지처럼 배어나오는
공허空虛는 오히려 부드럽고 화려하다
산다는 것은 이렇게
누구나 그렇고 그런 것이라고
그렇게 남아 있는 것이라고 자위해보지만
하루의 부스러기같이
부서지고 있는 신의 뜻을
시원스럽게 후벼낼 뿐이다

인연이 있는 일을 쉬고 싶다

밖의 일을 줄여
주위를 모두 정리하고
하루하루 단조로운 시간들을 살다보면
하늘 아래 유일하게 외로워져서
어느덧 나는 완전한 자유에 든다

추한 기억이 그리움을 낳아
무슨 말을 걸어보려고 자꾸만
창밖에 선 나무 잎을 흔들어 대지만
큰 바람에는 큰 가지가 부러지고
작은 바람에는 잎 하나 헤살될 뿐이다

흔들리는 물낯에서 얼굴을 볼 수 없다고
굳이 하늘까지 외면해서야 되겠는가
공연한 병病 하나 얻기 위해서는
쥐를 잡으려는 고양이의 눈처럼
또렷하게 깨어 있어야 한다

탁발托鉢을 나가듯
흔들리는 하늘을 우러러보면

아, 하늘은 구름을 쓸고 텅 비워놓아
새들에게 길을 내어줄 수 있게 되었구나
나는 인연이 있는 모든 일을 쉬고 싶다

2부

지상의 하늘

등 푸른 고등어

소나기가 지나간 뒤
웅덩이에 흙탕물이 가득했다.
햇살이 다시 오고, 바람 그치더니
드디어 바닥이 보이기 시작했다
바닥이 있어 흙탕물은
조금조금 가라앉힐 수 있었을 게다
아, 나도 한때 흙탕물이었다
내 하고많은 눈물 속의 소금기로
간고등어처럼 절여진 어머니의 가슴 바닥

바닥을 보이는
맑아진 웅덩이의 물속에
푸른 하늘이 내려와 앉아 계시다
등 푸른 고등어 한 마리, 헤엄치고 계시다

속 찬 배추

속 찬 배추가
속이 차는 게 아니라 실상은
속 차지 못한 어리디 어린 손이
멋모르고 밖으로 밀쳐 나오려는 걸
어머니가 갓난아기를 포대기로 감싸듯
겉으로 얼싸 안아주는 것이다
긴 바람 매운 비를 알 리 없는 어린 속잎
갓난아기 손가락 같은 노오란 어린잎이
품안을 벗어나 밖으로 밀치며 나오다 보면
어린잎도 자라나서 손톱이 굵어지고
그제서는 이미 손등은 겉잎처럼 누렇게 들뜨고
진기마저 다 빠뜨린 채 말라가면서
마지막 힘을 다해
배추 속잎을 필사적으로 얼싸안는 것이다
마른 배추잎이
그렇게 왜 살아왔는가를
왜 그렇게 살아와야 하는가를
스스로에게 묻다가도
그렇게 살 수밖에 없다는 걸 알고 나면
어느새 배추는 지상에 뿌리를 박고

푸른 하늘을 우러르며
한 포기 속 찬 배추가 되는 것이다

이팝나무 서 있는 마을

가을바람이 불기 시작하니
문득 생각이 나네
팔등에 콧물을 닦아내어
반질거리는 옷소매를 밀치고
군데군데 터진 손으로 사금파리를 튕기며
땅뺏기 놀이를 하던 시절
그 이팝나무 서 있는 마을

보릿고개 위에서 소꿉놀이를 할 때마다
오뉴월의 빈 배를 가득 채워주던 꽃
얼마나 허기에 지쳤으면
흰 꽃이 온 나무를 덮은 걸
흰쌀밥처럼 보인다고 해서 쌀나무라고도 불렀을까
이팝나무 하얀 꽃송이를 바라보면서
'솥-작-다, 솥-작-다' 노래하는
소쩍새 울음소리로 풍년을 꿈꾸면서
가득가득 이밥을 채워주던
어느 값진 그릇보다도 소중했던 사금파리
이밥에 푸진 반찬 그릇을 찾는다

이렇게 긴 세월이 흘러간 지금
길이란 길은 모두 페이브먼트
그 많던 사금파리가 묻혀버린 자리에
이팝나무 한 그루 서 있는 마을
넉넉하고 푸진 가을을 맞고 있네

뿌리 2

검은 들녘에는 바람이 불고
사립문 밖 채전에서 푸성귀 일어서는 소리
보이지 않아도 넉넉히 보인다
아버지라는 뿌리
난초 화분에서 소중한 새 촉이 돋아나는 걸 보면
어두운 화분 속 깊숙한 곳
난초는 뿌리 끝에 말간 물방울 하나씩 달고
어둠을 헤치며 벋어간다는 게 보인다
두 가닥 촛불이 소리 없이 흔들리고
모처럼 활짝 열어젖뜨린 문
향 사룬 연기가 스르르 빠져나갈 때
친정에 돌아온 누이들이 침묵을 깨뜨렸다
징글징글한 가난도 물러났는데
이 푸진 상차림이 다 무에 소용이냐
방안의 불빛이
몸을 사리며 슬며시 밖으로 나가려는데
그 불빛을 낚아챈 난초잎이 허공을 밟는다
축문도 하느적이는 목소리를 뱉아 내고
마침내 지방을 불 사루고
7순의 큰누이가 마지막 힘을 다해, 훅 —

촛불을 끈다
이제 나도 늙어
친정아버지 제사조차 모시러 못 오겠다
여름밤은 어둡이어도 어둡이 아닌 것일까
밤하늘을 날던 별 하나가
난초뿌리 같은 허연 빛으로
기다랗게 몸을 늘려 지상에 떨어진다

지상의 하늘

겨우내 비었던 논에 물이 가득하다
아무리 메마른 논이라 하더라도
출렁이는 물이 가득하다면 푸르러진다
그렇다, 생명을 길러 가는 푸른 양수
이 세상을 만나기 전에 나는 이미
양수 속에 깊이 빠져 있었다
고여서 나를 자라게 하고
고여서 나를 숨 쉬게 하고
고여서 나를 찾게 한, 그 푸진 물
저 논에 넘치게 고여
하늘이 내려와 빠져버린 까닭을 이제야 알겠다
허기로 바라보는 라면물 끓듯, 물이여,
머잖아 만복滿腹처럼 기다리던
한 알의 씨가 되어 내 살을 만들어 갈 지니
아, 양수를 터뜨리며
내 어머니의 자궁, 그 심해를 마악 벗어나면서
우주를 향해 내지른
내 첫 울음소리가 출렁이고 있다
무논 가득한 바람결에
무수히 쏟아져 내린 햇살의 충만이

지상의 하늘을 펼치어 놓고 있다

느티나무는 땀을 먹고 살아왔다

한여름, 사람들이 하나둘씩 모여들자
마을 가운데에 자리한 느티나무가
온몸의 잎을 흔들어댔다
솔솔 바람이 일어섰다
할아버지 살아생전에도 몇백 년
아버지 생전에 몇백 년은 되었노라고
내 또한 내 자식에게도
몇백 년은 되었을 것이라고 말할 느티나무가
한여름이 되면
수만의 잎을 흔들어댔다
흔들어대는 잎 사이사이로
사람들이 피곤한 땀을 부리는 동안
느티나무는 그 땀을 받아먹고 살아왔다
그렇게 또 몇백 년을 살아가게 될 게다, 느티나무는

그러던 어느 해
매운 비가 오고, 바람 몹시 불던 날
느티나무 가지 하나가 부러지고 말았다
부러진 가지 한가운데로
뻥 뚫린 커다란 구멍 하나

속이 시꺼멓게 타 있었다
그리고 보니 궂은 일이 있을 때마다 작은 울음을
나라에 큰 난리가 있을 때마다
느티나무가 큰 울음을 터뜨렸던 까닭을 알겠구나
사람들은 바람 그치고 매운 비가 멈춰서야
한둘씩 느티나무 밑으로 모여들었다
부러진 가지가 안쓰러운지
소중한 땀을 푸지게 흘려댔다

얼음조각은 상처를 보이지 않는다

얼음조각은 제 몸에
칼금을 남기지 않는다
날카로운 칼날이 지나간 상처를
눈물로 씻어 제 몸을 조금씩 소멸한다

눈물이란 상처를 다스리며
제 몸을 점점 소멸해 나간다는 것

아, 어머니는 살아생전
얼마나 많은 눈물을 사위어내셨을까
지상의 한 자리에는
인절미 같은 어머니의 눈물자국
그리고 눈물자국 속에는
보이지 않는 흥건한 상처들

푸르른 오월 어느 날
많은 사람들이 모여들어
또 다른 생에 박수를 보내고 있는
결혼식장 로비 한가운데

얼음조각은
제 몸을 삭혀내면서
작은 상처 하나 보이지 않는다
삭혀내는 눈물로
메마른 가슴들을 모두 적시어 준다

새끼들에게 젖을 물릴 때

개가 어린 새끼들에게 젖을 먹이고 있다
개는 단 한 번도 서서 젖을 물리지 않았다
비록 소나 말처럼 큰 키가 되지 못하지만
그래도 어찌 어린 새끼들에게 젖을 물리는데
몸을 높여 설 수 있으랴
개는 곧잘 지나는 낯선 사람을 향하여 크게 짖어대기도 하였지만
새끼들에게 젖을 물릴 때는
단 한 번도 짖어댄 적이 없다

개는 새끼들에게 젖을 물릴 때
사나운 두 눈도 아래로만 곱게 내려뜬다
새끼들을 핥아대는 긴 혓바닥에
봄 햇살 가득가득 들어앉아 있다

명창名唱

진실로
피를 토해 내야
돌고 도는 피를 모아
마침내 토해낼 줄 알아야
비로소 얻어지는
생명, 그 득음得音

아내는 자지러지는
아기 울음소리를
듣고 나서야
피로 물든
아랫도리를 추스르며
온몸을 널부러뜨리고 있었다

창窓이란

창이란 여닫는 것이 아니라
잇거나 끊어내는 것이다
창으로 하여 아득해지는
단절과, 그리고 소통
바람 불고 비 계속 내리면
안과 밖, 소통은 완전한 단절이다
눈보라가 몹시 치던 날
삶과 죽음 사이로 단절된 창
안과 밖에서 서로를 바라보는 것까지
매정하게 끊어져 버린다
서러운 눈물을 흘리며
어둠 짓던 날
아, 닻줄이 끊긴 빈 배 하나
먼 바다로 흘러나가듯
어머니는 혼자서 먼저 갔다
아버지도 뒤따라갔다

창이란 여닫는 게 아니라
너와 나 사이, 단절을 도모하는 것
창을 가운데로 하여 끊어진 안과 밖

그대로 멈추어 어둠이 될 때까지
창밖을 바라보며 무릎을 꿇었다
두 손을 모아 합장을 했다

물은 상처를 드러낸다

간밤에 비가 오는가 싶더니
조금의 틈도 보이지 않았던
뒷방 바닥까지 흥건히 젖어 있는 걸 보면
나에게는 전혀 보이지 않는 틈이
온전한 벽의 상처로 드러나 있었던 게 분명하다
벽의 상처를 뚫고
스며든 물의 흔적이 선연했다
젖어 있어야 상처도
부끄럽지 않게 드러나는 것이로구나
좁은 틈도 마다하지 않은 채
꾸준히 무엇이든 젖어들어
제 몸의 상처를 자랑처럼 드러나게 하는 물
마른걸레를 집어 방바닥의 물기를 빨아들이자
어느 사이 내 손등까지 젖어들어
그동안 남모르게 감추어왔던
실낱 같은 상처가 선명하게 드러났다
오, 그동안 나는
얼마나 많은 상처를 만들며, 감추며, 살아왔던가
삶이란 상처를 만들며, 감추었다가
언젠가는 아낌없이 드러내는 부끄러운 몸짓

아내가 내민 대야에 젖은 수건을 짜내고는
곧 책꽂이 밑바닥 틈으로 스며든 물을 찾으려고
나는 내 온몸을 최대한 낮게낮게 엎드렸다

무딘 칼날

날카로운 것은
언제나 무디게 해야 한다
감꼭지를 돌려 잘라내다가
손바닥을 찍힌 막내를 보고는
아버지는 곧바로 과도 끝을 잘라냈다

날 선 세상 살아가려면
내미손*처럼 조금은 무디게 살아가야지
무논 가득 차가운 달빛을 채우며
개구리 떼처럼 찡찡 울어서야 되겠는가

몇백 년 전 전장을 휩쓸던 화살 끝도
땅속 깊은 곳 아무도 모르게
조금조금 제 끝을 갈아왔던 것이
평화의 이 시대에 드디어 발굴되었다

직선처럼 날카로운 길이 아닌
먼 길을 돌아 무디게 길을 간다면
갈 길의 길눈은 트이게 마련

제 몸을 삐걱대면서
모서리를 갈고 있는 낡은 의자에
아버지는 흐미한 체온을 덧씌우며
막내의 찢어진 손바닥을 채며주었다**

* 내미손 : 물건 흥정하러 온, 어수룩하고 만만하게 보이는 사람
** 채며주다 : '묶어주다' 의 충남 서천지방 사투리

나의 도반*

다락에 오르다가 사다리에서 떨어진 아내를
병원에 눕히고 돌아와서는
텅 빈 방안
전등이란 전등 스위치를 모조리 올리고
방안에 가득했던 어둠이란 어둠을
창밖으로 송두리째 내쫓았다
어둠은 오늘
홀로 빈 집을 지키던 아내를
느닷없이 덮친 게 분명했다
그러나 비록 내쫓기는 했어도
창밖의 어둠은 어쩌지 못했다
어둠은 내 눈치를 슬슬 살피면서
방안을 기웃거렸다
나는 치솟아 오르는 분노에
창밖의 어둠을 줄기차게 노려보았다

분한 마음을 삭히려고
잠자리를 찾아 전등 스위치를 내리자마자
기다렸다는 듯 어둠은 다시 방안으로 들어왔다
나는 순식간에 어둠에 묻혀버렸다

그러고 보니
어둠은 오늘만 방안에 있었던 것이 아니라
살아오는 동안 줄곧 나와 함께하지 않았던가
나는 그만 나에게로 돌아와
어둠을 노려보던 두 눈에서 힘을 빼고는
더듬더듬 잠자리를 찾아 나섰다
아내가 없는 텅 빈 방안
어둠 속에서 어둠과 함께
깊은 잠에 빠져 들었다

* 도반道伴 : [불교] 함께 도를 닦는 벗. 여기서는 '같은 길을 서로 도우면서 함께 가는 좋은 벗' 이란 의미로 씀

수의에는 주머니가 없다

찌는 듯한 더위 속을
하루의 시간으로 마치고
어둠을 뚫고 집으로 돌아온다

양말을 벗어던지고
호주머니 속 손수건을 꺼내놓고
바지와 셔츠마저 벗어버리고 나면
더위도 하루의 시간도 어둠도
그저 가볍기만 하다

낯선 나를 세우며, 매일같이
만나는 직장의 동료와도 낯설게 만나
함께 흐느적이며 지나온
결코 낯설지 않는 내 낯선 옷가지들

몸에 걸친 모든 걸
송두리째 벗어버리고 나면
어찌 이토록 후련히 날 듯한 것일까

그러나 나는 다시

또 다른 옷가지를 걸치고
또 다른 내일을 살아가야 할 게다

내 몸의 옷가지를 하나하나 벗어던지면서
시집 간 딸아이를 생각하다가
대학을 무사히 마쳤음에도
아직 취직을 못하여 허둥대는 막내를 생각하다가
문득 아내가 조심조심 다림질하고 있는
아버지의 수의를 바라본다

그런데, 이게 어찌된 일일까
수의에는 주머니가 없다
아버지가 마지막 가시는 길에 갈아입으실
소중한 옷, 수의에는
찌는 듯한 더위도 하루라는 시간도
어둠조차도 전혀 보이지 않는다

고향 빈 집

고향 빈 집을 찾았다
그냥 찾은 것인데도
모든 길은 다 고향으로 이어졌다
닫혀진 육중한 철문을 열자
나를 반겨 맞은 것은
담 밑 잡풀 사이에서 꽃대만 내놓고 피어난
상사화 몇 송이
보일 듯 말 듯
이승과 저승 사이는
알지 못할 만큼 먼 거리임이 분명한데
왜 이다지도 생생하게 들려오는 것일까?
〈밥이나 먹을 만하니?〉
쓰르라미 같은 아버지의 목소리
그냥 그렇게 문득 울컥해서
헛간 쪽을 향하여 고개를 돌리는데
풀풀 날리는 지푸라기 하나 없다
흙담 밑으로 돋아난 푸른 이끼는
촉촉이 젖었다가 말라가고
바지 호주머니 속에 두 손을 집어넣고
열없이 허벅지를 긁어대다가

허무를 찾아 나서는데
어쩌면 잡풀들아
빈 집 좁은 마당 구석구석 차고 넘치느냐

3부

보물

모기

닭장 안에서는
닭이 잠을 자고

새장 안에서는
새가 잠을 잔다

그런데
모기장 안에서
사람이 잠을 자고 있다니

사람 세상
사람 사이에 결국
모기가 되어 버렸구나

가을 나무 아래서

지나온 길과
앞으로 가야 할 길에서
잠시 머물 수 있다는 것은
깨단하는* 일이다. 한볕을 지나
붉은 열매 고스라이 맞은
가을 나무는 지금 머물러 있다

가을 나무는 허공을 향해
쭉 벋은 나무가 아니다
바람으로 하여 긁힌 몸으로
빗방울로 하여 젖은 몸으로
결코 허공을 채우려 하지 않는다

하늘을 향해 가지를 열고
뿌리로부터 빨아올린 물소리로
수없이 나이테를 적시면서
하늘의 목소리를 모아듣는 동안
지나오고 가야 할 길
머물 시간을 에둘러** 강조하며
점점 숙성되어가는, 이 가을의 열매

가을 나무는 머물 줄 아는
사람에게 모든 것을 안겨준다
이 가을의 한 점, 붉은 열매
바라보는 가을에 물들어 가면서
어엿한 존재 하나로 바로 서게 한다

* 깨단하다 : 오래 생각나지 않던 것을 어떤 실마리로 하여 깨달아 분명히 알다
** 에돌다 : 바로 가지 아니하고 멀리 돌다

정방폭포 앞에서

폭포는 몸을
내던지지 않는다
다만 몸을 급히 낮출 뿐
낮추는 데에
걸음을 빨리 하는 것일 뿐

몸을 낮추기가
어디 그리 쉬운 일인가
몸을 낮추고자
내면의 싸움에서
위대한 승리를 꿈꾸는 폭포

꿈이 거대해질수록
진동하는 고난의 함성은
점점 더 높아져 간다
고난은 승리를 위한 것

저것과 이것을
나누어진 모든 것을
한 물줄기로 모으면서도

폭포는 굳이
자신을 고집하지 않는다

단 한 번도
몸을 높인 적 없는 폭포는
마침내 바다에 닿는다
바다에 닿는 순간
폭포는 이미 사라지고 없다

고기잡이는 갈대를 꺾지 않는다

앞의 나무가 흔들리자
뒤의 나무가, 곁의 나무가 흔들린다
그러나 정작 나뭇가지를 꺾는 것은
나무가 아니라 보이지 않는 바람이다
결코 두려워할 이유가 없다
고기잡이는 갈대를 꺾지 않는다
노를 저어 제 갈 길을 갈 뿐
가는 길에서 한 마리의 물고기를 낚는
시간의 흐름에 예인될 뿐이다

시간이란 보이지 않는 힘으로 생명을 길러내는
영원한 순간의 불멸

앞의 나무가 부러지자
뒤의 나무가, 곁의 나무가 부러진다
보이지 않는 바람에
부러진 갈대, 그 사이사이로
흐르는 강물,
그 위에 배를 띄워 고기잡이는
한 마리씩 한 마리씩 끊임없이

물고기를 건져 올리고 있다

귀부龜趺의 꼬리를 바라보며

—성주사낭혜화상백월보광탑비聖住寺朗慧和尙白月葆光塔碑 앞에서

충남 보령시 성주면 성주리聖住里, 이곳에서
어떤 사람은 골품과 시대를 말하고
어떤 사람은 성인聖人의 터전을 말하지만
성주사낭혜화상백월보광탑비의 비몸을
육각의 무늬로 짊어진 귀부龜趺는
꼬리 하나로 성주聖住를 말한다

귀부의 꼬리는, 공작의 꼬리처럼
결코 화려함을 꿈꾸지 않는다
물고기의 꼬리처럼 출렁이는 물결로
헤살대지도 않는다, 귀부는 꼬리 하나로
헛됨을 모르는 세상의 가슴을 꿈꾼다

오랜 세월 비바람에 깨어진 얼굴로
머리 위에 둥근 뿔을 세우고
뒤로 째진 눈, 눈썹을 휘말리며
꼬리에 힘을 주며
쉼 없이 불을 뿜어대는 귀부의 입

생각은 밖으로 나가는 것

그리나, 무념은 안으로 들어오는 것
숱한 가슴들이 머리에 의해 조정되고
미래에 의해 눈물을 만들고
솟아나는 욕망에 의해 젖어갈 때
어찌 아래로 흐르는 물을 탓하며
위로 솟구치는 불을 탓하랴

귀부의 꼬리는 묵묵히
세상을 향하여 다소곳이 세운다
하늘을 꿈꾸는 이수螭首를 우러르며
스르륵 성주聖住를 닦고 또 닦는다

지음知音*

하늘을 향하여
쭉 벋은 나무는 부드럽다
그 부드러움으로
바람을 쉽게 만날 수 있다

바람으로 하여
이리저리 온몸을 흔들며
누구보다도 먼저
허공을 가득 채우는 나무

나무는 귀를 가진다
그래서 겨울을 지나는 눈은
겨울눈이 아니라
하늘을 향한 열린 귀가 된다

나무의 귀가
활짝 열리는 날
지상에는 봄이 시작되고
비로소 초록이 눈을 뜬다

바람이
지날 때마다
나무에는 지음이 차고 넘친다
그래서 한결 부드러워진다

* 지음知音 : 마음이 서로 통하는 친한 친구. 중국 춘추 전국시대에 거문고의 명수인 백아伯芽의 거문고 소리를 알아듣는 사람은 오직 그의 친구인 종자기鍾子期뿐이었다는 고사에서 비롯됨

물속의 것들은 모두 흔들린다

물속의 자갈이 흔들린다
물속의 나무가 흔들린다
물속의 하늘이 흔들린다
물속이 깊으면 깊을수록 잘 흔들린다
그러나 어찌 흔들리는 것이 물속의 것들뿐이랴
하늘을 손바닥으로 가리고 보면
흔들리기는 모두다 하늘 아래서의 것
흔들린다는 데에서야
하늘이 어찌 보이랴 싶지만
간밤의 어두운 하늘을 쓸어내리던
겨울, 미루나무 또한 흔들린다
제 스스로 쓸어내리다가도
제 스스로 흔들리다가 보면
어느덧 하늘이 먼저 물속에 들어와
제 몸을 흔들어댄다
구름 밀어 물낯 가득 몸을 부리고는
세상이 겨울처럼 흔들린다 싶으면
저 물속에 들어와 자꾸만 흔들리는 것
물속에 하늘을 안고 온 바람이
진종일 지상에 가득하다

하늘빛이 어느덧
호수 가득 넘쳐 흔들리고 있다

나이테는 둥글다

신의 아들이 아닌
인간 부처의 발우*는 항상 가득하다
시간의 길고 긴 늪을 지나
가는 길을 보여주고 있을 뿐
안내하는 발길은 그저 둥글기만 하다

연잎은 구르게 할 뿐
한 방울의 이슬로 목마름을 달래지 않는다
이슬이 스스로 몸을 둥글게 굴려
방죽 수면으로 굴러 떨어지면
세상은 온통 둥근 파장 속에 든다

수렁에 빠지되 자리를 만들지 않고
놓여진 그대로 제 길을 가다보면
길은 언제나 둥글게
제 자리로 돌아오는 것

제재소 앞 잘린 채 누워있는
통나무의 발우
환한 햇살 아래 드러난 나이테는 둥글다

옹이의 자리에 배게 모여
한 발 앞 선 시간들이 차고 넘친다

* 발우鉢盂 : 중이 탁발(托鉢 : 중이 경문을 외면서 집집마다 다니며 동냥하는 일)을 나갈 때 동냥한 것을 모으는 그릇

방을 뜨는* 노인

깊은 숲에 들었다가 문득 방을 뜨고 있는 노인을 본다.

톱을 손질한 지 한참의 시간이 지나고 있다. 좀처럼 손에 톱을 들지 아니하고 우선은 사발 가득 막걸리를 따른다. 그러나 선뜻 마시지 않는다. 먼저 베어낼 늙은 소나무의 주위에 두루두루 두루 뿌려준다. 늙은 소나무 곁의 어린 소나무에게도 사발의 막걸리 한 줄기가 스며든다. 톱날이 들어가면 베어지는 소나무뿐 아니라 옆의 소나무도 아플 것이라 한다. 처음부터 톱을 대는 것이 아니라고도 한다. 벨 부분의 껍질부터 벗겨내야 한다. 도끼를 들어 타닥타닥 두꺼비 등 같은 늙은 소나무의 껍질을 벗겨낸다. 재빠른 노인의 손길이 지나간 자리마다 하얀 속살을 드러낸다. 봄철의 뻐꾸기 맞소리며 한여름 매미 흐느낌이며 가을의 풀버레 겹울음까지 들려오다가 한겨울 쌓인 눈 속에서 먹이 찾는 멧돼지 새끼들의 빠른 발소리까지 울려온다. 늙은 소나무의 속살에서 끈적한 진물이 흘러내린다. 노인의 숨소리가 늙은 소나무 껍질처럼 버거워진다. 간밤의 산울음**이 되살아난다. 진물에서 향기가 풍긴다. 오랜 세월동안 속살에 숙성시켜온 향기를 노인은 안다. 순간 아찔해진다. 늙은 소나무가 쓰러질 방향을 잡는다. 우듬지로 지나는 바람의 길을 본다. 베어지는 늙은 소나무도 곁의 어린 소나무도 다치지 않게 각도를 잡은 톱날이 늙은 소나무의 속살 속으로 파고든다. 늙은 소나무일수록 바람의 길을 잘 안다. 바람의 길을 따라 늙은 소나무가 쓰러지는 순간을 노인은 보지 않는다. 노인은 오랜 세월을 살아온 늙은 소나무도 쓰러지는 건 순간이라는 걸 잘 안다. 그래서 방을 뜰 뿐이다. 몸을 돌려 소리루만 본다. 노인은 늙은 소나무가 눕자 늙은 소나무의 속살을 의자 삼아 말없이 앉는다. 노인의 엉덩이가 늙은 소나무의 진물에 찐득하게 젖어드는 걸 온몸으로 느껴본다. 온몸을 부르르 떤다.

노인은 늙은 소나무를 벨 때마다 방을 뜬다

* 방을 뜬다 : 큰 나무를 벨 때 톱이 들어가는 각도를 조절하여 나무가 쓰러질 방향을 조절하는 것을 말한다

** 산울음 : 겨울밤에 높은 산의 송림을 스쳐 부는 웅숭깉게 들리는 바람소리 〈박용수의 『겨레말갈래 큰사전』. (1993. 서울대출판부)에서〉

※ 이 시는 2008. 12. 26(금) 동아일보의 숭례문 복원에 쓰일 소나무에 대한 기사를 읽고 나서 쓴 작품으로 기사문의 일부를 인용하였음을 밝힌다

오동도에서

여수 앞바다가
거대한 물결의 산맥을 토해내고 있다

물결이 크게 뱃전에 부딪칠 때마다
흰 블라우스 속에 돋아난
바다의 봉긋한 가슴이
은갈치처럼 햇살을 안고 헐떡거린다.
뒤따르던 갈매기 한 마리
머리부터 마구 파고들자
바다는 마침내 요분질로 펄럭펄럭인다
영원히 늙지 않고 힘 솟아
누운 채로 뜻도 굳게 세우는 걸까
물결이 끊임없이 이어지고
바다는 사나운 짐승처럼 울부짖으며
여수반도를 향하여
너른 입을 쩌억 벌리자
돌산도에서 봉황 한 마리 치솟는다

느닷없이 오동도의 동백숲이
질투처럼 독하게 질푸르러 오른다

보물

박물관에서
속 찬 그릇 하나
본 적이 없다

빈 그릇들
모두 천 년을 살아온
보물들이라 했다

피아노를 친다

피아노를 친다
건반 하나를 툭 치면
그에 알맞은 소리가 난다
툭 쳐서 건반이 소리치고
다시 제자리로 돌아오는 동안
바람이 불고, 딴따따 따안
하늘이 열리는 소리가 난다
그러고 보면 하늘은 온통 건반 투성이
먹장구름이 짙게 깔린
하늘에서 느닷없이 번개가 친다
억장이 무너지는 소리가 들린다
후두둑후두둑 지상에 펼쳐지는 하늘의 연주
그렇다, 피아노를 치는 건
억장이 무너지는 연주자의 울음소리
한 여인이 무대에서 피아노를 연주하는데
건반 위 허공에서 마른번개가 친다
긴 머리칼에 온통 비바람 투성이다
문득 피아노 건반 위에서
흰 파도가 인다
딴따따 따안, 바다의 몸부림

하늘이 쨍, 열리면서

바다에 깔리는 빛 떼가

창창창창창, 치솟아 오른다

두 눈이 부신다, 하는 사이

억장으로 무너지는 여인의 푸른 피가

하늘에 깔린 먹장구름을 제치고

바다에 가득 풀어 놓는다

이제는 하늘과 함께 바다가

진종일 피아노를 친다

호모 에렉투스Homo erectus*

두 다리로 걷는 것은
새와 사람뿐이다
새가 하늘을 나는 동안
사람은 지상을 걷는다
새가 한 번씩 날개를 쳐서
하늘을 날듯이
사람은 두 발을 움직여
한 발자국씩 지상을 걷는다
그러나, 새가 하늘 높이 날아
세상을 멀리 보는 동안
사람의 눈은
항상 가까이에 있다
오, 새는
포식을 거부하고
사람은 마냥 포식을 즐긴다
그래서 새는 홀몸으로
하늘을 날 수 있지만
사람은 결코
하늘을 날 수 없다

새는 날개를 접는 겸손으로
지상에 내린다
그것은 주어진 만큼
먹이를 구하고
또 휴식을 취하려는 까닭이다
한 사람이 두 다리로
급히 뛰어가서
큰 소리로 새를 쫓아댄다

* 호모 에렉투스Homo erectus : 직립하는 인간

짝퉁*

신은 물낯에 비친
자신의 모습을 본떠
인간을 창조해 냈지만
인간은 물낯을 굽어보며
자기 모습 그대로
신을 만들었다

그래서
지상의 지금에는
본래 하나였던 신이
인간처럼 수없이 많아졌다

* 짝퉁 : 명품의 제품 그대로를 가짜로 만들어 낸 물품을 통속적으로 이르는 말

저수지에서

물결이 흔들리자
모든 게 사라지는가 싶더니
모든 게 제 모습을 드러낸 것은
물결이 조용해지면서부터였다

조용해진다는 것은
제 몸을 스스로 낮춘다는 것
저수지는 바람 한 점 없이 고요하고
맑은 물밑까지
훤히 보이는가 싶다가

항상 높이 존재할 수 있는 하늘이
조용한 물속에
몸을 내릴 줄 안다는 것을
머리 숙여 하늘을 우러르며
처음 알았다

바다에서 땀냄새가 난다

마른 땅에 비 내리는 걸
가만히 바라보니
빗방울이 떨어지는 곳마다
작은 물방울이 맺힌다
아마도 하늘에서 예까지 내리기까지
수고를 다한 땀방울일 게다
그러고 보니
빗물은 가장 낮은 곳을 채우면서
더 많은 땀방울을 맺고 있다

빗물이 흐르는 마른 땅보다
시내는 낮다. 시내보다
강은 더 낮다. 바다는 강보다 낮다
시내에서 강으로, 강에서
다시 바다로 흐르는 빗물

빗물은 아래로만 흐른다
낮은 곳이 있으면
한 걸음으로 달려가 채운다
낮은 곳으로만 찾아다니며 채우고는

또 다시 흐르는
빗물의 저 겸공謙恭한 땀방울
수없이 많은 땀방울조차 빗물이 된다

빗물은 마침내 바다에 닿는다
바다에 닿은 빗물은
사람이 살고 있는 높은 뭍을 향하여
끊임없이 출렁여온다
바다에서 물씬물씬
땀냄새가 난다

4부

상처의 빛

연필 깎기

연필을 깎는다
제 몸을 잘라 날을 세운
칼날로 짙은 향을 깎는다
깎으면 깎을수록 피어오르는 짙은 향
칼날에 제 살이 도려질 때마다
연필은 추락할 줄도 모르고
자꾸만 허공을 향해 향을 피워 올린다
잘라내면 잘라낼수록
날을 세우는 칼날
깎아내면 깎아낼수록 향스러워라
작은 힘을 아끼어 연필을 깎다보면
어느덧, 부지불식, 밀던 힘에
힘을 더하여
소리 없이 제 살 깎아
피워 올리는 향이여

그렇게
가슴 깎아가는 사랑이여

물에 대하여 1

물은 언제나 하나가 된다
크고 작은 줄기도 하나를 이룬다
어두운 하늘에서
갈기갈기 찢겨진 채로 지상에 내려와서는
문득 끊기듯 어두운 땅속으로 스며들었다가
지상의 밝음으로 나오면 하나가 된다
줄기 하나를 이룬다

물은 하나로만 흐른다
골짜기 작은 몸을 점점점 불리다가
가람이 되고, 마침내 한 바다를 만든다
지상에서 가장 맑고 큰 물이 된다

유럽의 라인, 아메리카의 아마존도
아프리카의 나일, 아시아의 황하도
모두 다 하나 된 물이다
제각기 다른 이름으로
일정한 거리로 놓여진 5대양 6대주
그 물도 한 줄기, 하나로 이어진다
지상의 거대한 빛의 바다, 물이 된다

너와 나 사이
일정한 거리로 흐르는 눈물
그 눈물도 물이다. 한 줄기로 흐르고
흐르다 보면 하나의 사랑이 된다
지상에서 가장 크고 맑은 물
오직 거대한 하나, 그 바다, 사랑이 된다

상처의 빛

아직도 남아 있는 것은
나와 함께 살아가고 있는
가슴속의 아린 상처뿐이다
아침마다 손을 씻으며
얼굴을 닦아내며
내 상처도 함께
씻어내고 닦아내곤 한다
크고 작은 길 위에서
진종일 만났던 얼굴을 떠올리다가
경적을 울리며 비껴가다가
마침내 어둠에
덮여가는 세상은
아린 상처의 하루 끝
어제도 오늘도
어둠이 세상을 덮어가듯
내 가슴속
아린 상처를 쓰다듬다 보면
어둠이 있는 하늘이어야
찬란한 별들이 솟아나는구나
어둠 속에서만으로 살아나는구나

상처란 어두운 하늘의 별처럼
어제도
오늘도
하루 24시간
숱한 얼굴들이 살아가는 이 세상
내일 다시 만날
아침을 생각하며
어두운 가슴속 상처를 달래야 한다

초롱꽃

−S에게

내가 없음으로
나는 온전한 네 차지다

순간, 나의 길에는

어디에도 내가 없고
어디에도 내가 있다

초롱꽃은 매양
무수한 꽃등을 밝히고

나는 내가 없음으로

온전한 흔들림의 반어가 된다
굳어버린 언어의 꽃으로 핀다

벽

바로 서면,
둘

무너지면,
하나

너와 나
큰 사랑이 된다

풋복숭아

기다린다
내 사랑아
솜털 가득한
네 이마는
차마 스치기도 서럽게
껄끄러워라
껄끄러워
잠시도 나를
못 견디게 하여라

대못

한 송이 꽃이
한창 아름다운
염기艶氣로 파고들 때

그것을 인내하는
사랑 하나로
나무기둥의 속살은
가장 큰 아픔을 품는다

그림자에 대하여

내 그림자가
지상에서 사라지자 지상은 밤이었다
내가 가는 곳마다
악착같이 따라다니는 그림자는
나의 어둠이었다
그러고 보니 나는 맨날
어둠을 하나씩 달고 살아온 셈이다
대낮 같은 기쁨이며 즐거움에도
하나씩 지니고 다닌 밤
환한 대낮의
그림자였다, 사랑을 잃은 후
비로소 도달한 밤으로의 긴 행렬
사람 사는 것이란
그림자 하나씩 끌고 다니며
애써 드러내는 아픔이 아닐까

내 그림자는
밤에까지 나를 따라와서는
끝내 나의 짙은 열병이 되어버렸다

운용매雲龍梅*를 바라보며

운용매 꽃이 피어나자
바람이 향기를 몰고 갔다
곁의 나무가 자꾸만
몸을 흔들어댔다

짙은 그림자가
갑자기 드리워지더니
흐르는 구름도
제 모습이 아니다

한 잎 한 잎
꽃잎이 지고 있는데
보이지 않는 향기는 이미
우주의 일부가 되었다.

아, 진정한 사랑으로
사랑에 빠질 수 있다면
나는 결코 너를
소유하고 싶지 않다.

* 운용매雲龍梅 : 나무 가지는 용龍처럼 몸을 비틀며 자라고, 꽃이 구름처럼 희게 피는 매화梅花라 하여 이름이 붙여졌다는, 매화의 한 종류라 함

아파트 앞에서

아파트 출입구 앞에서 서성인다
간밤 어둠을 타고 내려 쌓인 눈도
오후의 햇살을 받고 한길은
차바퀴를 따라 이미 녹아내렸지만
아파트 출입구 앞은 여전히 눈이다
그늘 가득 찬 빙판길이다
발바닥으로 올라오는 한기를 딛고
엘리베이터에 선뜻 오르지 않고
서성이게 되는 게 자못 두렵다
기다릴 수 없는데도
기다린다는 것이
얼마나 어려운 일인가를 나는 안다
뒷모습이라도 보기 위하여
제 그림자로 한기를 만들고
빙판을 만들어 놓는
이 육중한 아파트 몸체처럼
나는 왜 햇살을 펴지 못하고
쌓인 눈 위에 무수한 발자국을 만드는가
눈 위를 끊임없이 서성이다가
내 발자국으로 내 발자국을 지워대는가

아무짝에도 쓸모가 없는
기다림으로 기다린다는 것은
눈 녹은 자리 빙판을 이룰 때까지
빙판이 녹아 물로 흐를 때까지
한기를 모아
가슴속까지 스미게 하는 것
선뜻 엘리베이터에 오르지 않는
내 속내를 알아차릴까
누군가가 두렵다
그 두려움이 자꾸만
아파트 몸체를 이루는 그늘이 된다

창문 열기

창문을 열기 전에는
반드시 창밖을 내다 볼 일이다
닫혀 있는 방 속에서 내다보면
밖은 바람 가늘고
온통 밝고 맑은 햇살 투성이
바로 이때 창문을 열 일이다
그렇다, 밖에서 안을 들여다보지 말고
안에서 밖을 보아 창문을 열 수 있다는 것
얼마나 자신 있는 일이냐

그대, 나와 사랑하는 사이
닫혀진 창문, 보이지 않는 가슴속
이제부터 안에서 밖을 바라볼 일이다
너는 나의 속, 나는 너의 속에서
서로가 서로를 바라볼 일이다
그렇게 사랑을 살펴서 볼 일이다

밤 새워 몸부림한 숙취 끝에
차마 창문조차 열지 못하는 사람아
아, 누군가의 가슴속에 들어

맑고 밝은 창밖을 바라볼 수 있다는 것
그렇게 바라보아
멋진 사랑을 한 번 해볼 일이다
그렇게 창문을 열어젖힐 일이다

「별 헤는 밤」의 별
—윤동주 시인을 기리며

하늘이 보이지 않는 밤에는
「별 헤는 밤」의 별을 그린다
부끄러움이 가득한 두 눈으로
하늘을 우러르다
문득 어둠이라는 걸 생각는다
그동안 쉬임없이 걸어오던 길
얼마나 어둠 짙은 걸음으로 헤매며 살아왔던가
잎새에 이는 바람도 보이지 않는
어두운 밤, 단 한 줄의 싯구조차 쓰여지지 않는다
조금씩 몸부림을 모으고 또 모아
마지막 힘을 다해 촛불을 밝히면
어둠도 조금조금 서서히 내몰리겠지
「별 헤는 밤」의 별을 그리다가
어둠이 완전히 물러가면
무슨 부끄러움을 얻어
또 다시 별을 그려볼 것인가
살기 어려운 길은 이렇게 흔히 만나는 것이려니
살아온 길의 운명처럼
아침을 기다려
별을 잃고 별을 기리다가
또다시 나의 길을 걷기로 한다

홍염烘染*

참 오래도 참아왔구나.
어둠도 차마 근접할 수 없었던지
빙 둘러 자리하고 있다
길고 긴 기다림을 서두르고
비로소 나로 돌아와 나로 앉아
멀어져가는 아련** 추억을 더듬다 보면
내 사랑의 끝에는
눈부신 빛이 가득하다
슬픔이란 기쁨으로 가는 먼 둘레
모여 사는 숲의 나무들이
서로 이야기를 나누듯
따스한 손길을 서로 내밀면
이별도 빛의 무게를 견디어주는
보시報施, 가난처럼
풍요를 기리게 하는 것
온몸을 흔들어
황홀한 빛을 위해서
헐벗은 무게로 은총을 기리고 있다

* 홍염烘染 : 주변을 살핌으로써 핵심에 도달하는 방법, 즉 동양의 회화에서 달을 그릴 경우 직접 달을 그리는 것이 아니라 달 주변에 색을 칠하여 달을 표현하는 방식을 말한다

** 아련 : (옛)어리고 아름다운

구봉九峯*을 뒤로 하며

고집하여
어떠한 길도
가고 싶지 않습니다
바람의 모습을 볼 수 없는 지금
나뭇잎 하나 흔들리는 방향으로 길을 가고
가벼이 걸음하여 자유롭고 싶습니다
물이 움직이기 시작하면
달도 따라 절로 움직입니다
가려진 구름 사이로 보이는 달빛은
더욱 차갑게 눈부십니다
흐르는 물에 두 손을 씻습니다
문득 허리를 굽혀도
영혼까지 씻어낼 수 없는 몸
아무리 씻어낸다 하더라도
물이야 물일 뿐입니다

내 길은
내 안에 있습니다
한낮에 내린 비로 머리를 감고
구름을 모자 삼아 덮은 구봉

오던 길로 되돌아 내 안으로 가는데
가장 오래 가장 멀리 배웅해주는
구봉의 긴 그림자
달은 이미 한 발 앞선 빛입니다

* 구봉九峯 : 구봉산九峯山. 구봉산은 계룡산의 산줄기가 동남쪽으로 치달리다 진잠에서 불끈 솟아나온 아홉 봉우리가 있다 하여 구봉산九峯山이라 했다 하는데, 일설에는 아홉 마리 봉새형으로 구봉산九鳳山으로도 불린다. 높이 264.1m밖에 안 되는 낮은 산이지만 신선이 내려와 놀았다는 전설이 있으리만큼 기암괴석으로 이루어진 경관이 아름답고 산세가 수려하여 대전팔경에서 빼놓을 수 없으며, 특히 이 산의 가을 단풍은 더욱 일품이다

박철동博鐵洞 만해 생가에서

누구나 가질 수 있는
비밀 하나
꽃은 피어서 시들어 가는데
바람도 없는 공중을 우러르다가
메아리도 없는 그림자를 굽어보다가
[님]을 기리는 순간 흔들리고 맙니다

마음으로 세고 있는
마음의 소리를
마음의 귀로 또렷하게 들어야 하는 지금

그림자 없는 형체는
하늘의 구름을 거두면 그뿐
겉으로 소리하여
그림자를 만들 일이 아닙니다

쑥버무리 같은 얼굴을 하고
깊은 골을 만들어 소리하다 보면
누구에게랄 수 없이 울려 퍼지는
[님의 침묵]이여

메아리는 소리에 응하고
그림자는 형체를 따르는 것이라서
쓸데없는 눈물의 원천을 만들 수 없습니다
다시 만난다는 믿음 하나로
박철동 잠방골* 누에처럼
깊은 골의 큰 소리에 답하여
큰 그림자 하나 엮어내고 있습니다

* 박철동博鐵洞 잠방골 : 한용운 생가가 위치한 지명. 생가를 둘러싼 뒷산이 마치 누에가 기어가는 형국이다

나무는 사랑에 빠져 있다

나무는 사랑에 빠져 있다
태어난 자리, 바로 선 자리 옮길 줄을 모른다
단 한 번도 다른 곳에 한 눈을 판 적 없다
진흙이건 황토이건
그 한 자리에서 태어나고 자라
길고 곧은 뿌리를 내리고
나무는 사랑에 빠져 있다
봄물이 풀리기 시작하면
누구보다도 먼저 사랑을 구가할 줄 안다
뿌리로부터 빨아올린 작은 물기 하나로
잎을 피우고, 아름다운 빛깔로 꽃을 피운다
바람결에 몸을 흔들고 새들을 불러
마침내 사랑을 노래한다
가장 눈부신 사랑은 꽃보다도 고운 것
한 알의 열매를 남기고
모든 이파리를 쌀쌀히 뽑아내어
추운 날이 오기 전
태어나고 바로 서 온 자리, 쏠쏠히 흙을 덮는다
흙을 덮어 제 몸의 온기로 뿌리를 적신다

도시 근처 아파트 공사장
이별처럼 어둠에 묻혀질 무렵
화물트럭 위에서 잘린 뿌리를 총총 감은 채
사랑에 빠진 소나무 한 그루
잎잎에 차운 이슬을 달고 있다

| 해설 |

시간에 대한 상념에서 사랑을 실천하는 방법까지

이승하(시인 · 중앙대 교수)

시간에 대한 상념

시간에 대한 동서고금의 금언은 참으로 많다. 그리스 철학자 헤라클레이토스는 "너는 같은 강물로 다시는 목욕할 수 없다."고 했다. 앞으로만 하염없이 흘러가는 시간을 어찌 되돌릴 수 있겠는가. 중국과 조선의 선비들은 주자의 시구에 나오는 "一寸光陰不可輕"(짧은 시간이라도 헛되이 보내지 말라는 뜻)을 높이 받들어 학문 닦기에 힘썼다. 영국의 속담에 "인생은 행복

한 자에게는 너무나 짧고, 불행한 자에게는 너무나 길다."(Life that is too short for the happy is too long for the miserable.)는 것이 있는데, 같은 시간일지라도 그 시간을 선용하느냐 무용하게 보내느냐에 따라 길이가 달라질 수 있음을 말해주고 있다. 독일의 문호 괴테는 "사람이 세상에 사는 것은 단 한 번뿐이다."(Man left nur einmal in der Welt.)라고 했고, 18세기 영국의 시인 사무엘 존슨은 "짧은 인생은 시간 낭비로 인해서 더욱 짧아진다."고 했다. 시간에 대한 금인은 각사의 수명이 어떠하든지 간에 허랑방탕하게 살아서는 안 되고, 시간을 금쪽같이 아껴 써야 함을 말해주고 있다. 어느 말 하나 틀린 것이 없다.

구재기 시인의 시집 원고를 읽으면서 시간에 대한 이런저런 금언을 떠올려보게 되는 것은 이번 시집에서 시간, 세월, 나이 등에 대한 시인의 상념이 전개되는 시가 여러 편 보였기 때문이다. 제일 앞머리에 놓인 시부터 본다.

> 배 한 척이 수평선 위에 뜨기까지
> 얼마 동안이나 육지를 밀어내며
> 흔들려 나아갔을까 한 발자국도 내딛을 수 없는
> 세상에서 혼자서만 편안하게
> 흔들리고 있는 나를 본다
>
> —「흔들의자」 후반부

화자는 흔들의자에 앉아 창밖의 바다를 바라보고 있다. 눈에 들어오는 풍경이 "흔들릴 때마다 하늘이 내려와 앉고/멀리 보이는 작은 섬들이 치솟다가/물속에 잠기기도 한다"고 묘사한다. 이 시에서 우리가 느낄 수 있는 것은 풍경에 대한 '관조' 이다. 산전수전 다 겪으며 살아온 시인이 이제는 현업에서 물러나 자연을 '편안하게' 바라보게 된 것일까? 물론 화자 자신의 몸과 마음은 지금 편안한 상태겠지만 "배 한 척이 수평선 위에 뜨기까지/얼마 동안이나 육지를 밀어내며/흔들려 나아갔을까" 하고 생각해본다. 자연 속에서 편안하게 제자리를 지키고 있는 듯이 보이는 것들도 실은 얼마나 고통스런 인내의 시간을 보내야 그 '지킴' 이 가능한가를 시인은 잘 알고 있다. 흔들린다는 것은 불안이나 방황을 뜻하기도 하므로 지금 화자가 누리는 이 편안함은 지난날의 불안과 방황이 있었기에 가능한 것이리라. 이제 나이를 제목에 명시한 두 편의 시를 보자.

하늘 한가운데
동그마니 매달려 있는
홍시 하나, 너무 붉어 있다
헉헉 격한 역경을 벗어던지고
이제는 외로워지는 연습이다
잘하던 일도
차츰 지체해지다 보면
앞서 발걸음을 빨리하는 바람의 뒷모습이
점점 측은히 보이기 시작한다

—「50을 보내면서」 부분

나이 쉰을 보내면서가 아니라 '50대를 보내면서'로 이해한다. 평균수명이 길어짐으로써 50대도 한창 일할 나이이지만 우리나라의 경우 50대를 보내면 대개 퇴직을 하게 된다. "헉헉격한 역경을 벗어던지고/이제는 외로워지는 연습"을 할 때인 것이다. 화자는 혼자 있는 시간이 많아지면서 외로움에 익숙해져야 한다고 다짐하고 있다. 이어지는 문장에서도 현업에서 은퇴하여 장년을 보내는 쓸쓸함이 느껴진다. 은퇴한 장년의 나날은 "강한 흡반의 기력으로부터 외면당하면서/별로 알려져 있지 않은 일에까지/나 자신에게로 돌아오는/나를 잊어야 할 나날들"이다. 이제는 나 자신을 되돌아보아야 하지만, '잘나갔던' 시절에 집착해서는 안 된다. 그럼, 나이 60을 어떤 마음가짐으로 맞이했는지 살펴보자.

> 번 산을
> 바라보는 시간이 길어졌습니다
> 먼 산이 한결
> 다감하게 다가오고 있는 걸
> 바라볼 수 있는 시간이
> 넉넉해졌습니다
> 그럴 때마다
> 발 빠르게 걷던 길들이
> 피곤처럼 보이곤 하였습니다

—「60을 맞으며」 부분

나이 예순을 맞이하는 시점이 되자 화자는 먼 산을 바라보는 시간이 길어졌다고 한다. 먼 산은 한결 다감하게 다가오고, 그 산을 바라보는 시간도 넉넉해짐을 감지한다. 그럴 때마다 "발 빠르게 걷던 길", 즉 일에 치어 정신없이 걷던 젊은 날의 길들이 "피곤처럼" 보이곤 한다.

나이를 먹어간다는 것은 무엇인가. 자연의 온갖 사물과 세상의 숱한 잡사를 관조하게 되었다는 뜻이 아니겠는가. 그저 많이만 가지려고, 앞으로만 가려다 보면 우리는 여유를 누릴 수 없다. 뒤도 한번 돌아보고, 쉬었다가도 가고, 자연도 즐길 줄도 알아야 하는데 그렇게 하지 못하고 각박하게 살아온 지난날을 화자는 후회하고 있다. 이제는 그렇게 살지 말아야지, 다짐하고 있다. 하늘 한가운데로 흐르는 바람의 무게가 조금씩 더해지고 있음을 이제야 비로소 느낄 수 있게 되었다는 화자의 목소리는 연륜이 말해주는 지혜가 아니고 무엇인가. 이런 것을 잘 알고 있었던 이가 공자였다. 공자는 『논어』 「위정爲政」 편에서 다음과 같이 말했다.

> 나는 열다섯에 학문에 뜻을 두었고(志學), 서른 살에 뜻을 세웠으며(而立), 마흔 살에 남의 말에 잘 넘어가지 않게 되었고(不惑), 쉰 살에 하늘의 뜻을 알았으며(知天命), 예순 살에 남의 말을 듣기만 해도 이치를 깨달아 이해하게 되었고(耳順), 일흔 살에 마음이 하고자 하는 바를 따랐지만 법도에 넘지 않았다(從心).

이 글은 공자가 자신의 일생을 돌아보고 학문이 어떻게 심화되어 갔는지, 그 과정을 술회한 것이다. 시인도 어느덧 이순이 다가오면서 평온한 마음을 갖게 되니, 먼 산이 한결 다감하게 다가옴을 느낀다고 했다. 일에 치어 살 때는 자연을 느낄 겨를이 없었다. 그런데 일을 좀 멀리하고 주변을 둘러보니 "어느덧 하늘을 알 나이에 이르고/자작나무 한 그루가 되어/산녘에 홀로 서 있어도/전혀 슬프거나 외롭지도 아니하"(「자작나무 한 그루 되어」)다. "온통 하얗게 태워버린/백발의 연령이 반가운 지금"(「연탄재를 차, 둥글리고 싶다」), "내가 나를, 이제/힘껏 차, 둥글리고 싶다"고 한다. 연탄재는 각이 서 있지만 축구공처럼 차고 놀면 둥글게 된다는 것인데, 그처럼 둥글게 만들고 싶다고 한다. 세상잡사에 일일이 신경을 쓰면서 각박하게 사느니 원만하게 살고 싶다는 바람을 이렇게 표현한 것이다.

사람은 보통 나이가 먹어가는 것을 아쉬워하는데, 특이하게도 시인은 여기에 대해서도 담담히 수용한다. 불로불사할 수 없는 이상 늙어가는 것을 안타까워해본들 무슨 소용이 있겠는가. 화자는 "가을로 들어선 이제/산과 들에 열매로 가득할 때까지/얼마나 큰 욕심으로 매달려 왔던가"(「자작나무 한 그루 되어」) 하면서 후회막급이다. 욕심을 버리는 것이 말처럼 쉽지 않지만, 버리고자 애를 쓰자고 다짐하고 있다. 이제 시인은 자기 나름의 인생론을 전개해본다.

밖의 일을 줄여

주위를 모두 정리하고
하루하루 단조로운 시간들을 살다보면
하늘 아래 유일하게 외로워져서
어느덧 나는 완전한 자유에 든다

(중략)

탁발을 나가듯
흔들리는 하늘을 우러러보면
아, 하늘은 구름을 쓸고 텅 비워놓아
새들에게 길을 내어줄 수 있게 되었구나
나는 인연이 있는 모든 일을 쉬고 싶다

—「인연이 있는 일을 쉬고 싶다」 부분

이 시는 시인의 근황과 이상을 정확히 밝힌 시라고 여겨진다. 밖의 일을 줄이고 주위를 모두 정리했다는 것을, 그래서 완전한 자유를 누리게 되었다는 것을 일단 알 수 있다. 우리 주변을 보면 많은 사람들이 몸 지치고 마음 삭막해지고 있음도 모른 채 일과 돈의 노예가 되어 살아간다. 설사 일을 좀 잊고 쉬고 싶어도 인연 때문에 여기저기 불려 다니고 또 다른 일에 시달리게 된다. 그래서 시인은 부르짖는다. 인연이 있는 모든 일을 쉬고 싶다고.

시인의 이런 마음을 조금은 알 것 같다. 인간은 때때로 휴식을 취해야 하거늘 일의 사슬에 얽매어 살다 문득 정신을 차리고 보면 인생의 종착역에 다다라 있는 것이다. "시간이란 보이지 않는 힘으로 생명을 길러내는/영원한 순간의 불멸"(「고기잡이는 갈대를 꺾지 않는다」)이라는 시간에 대한 정의를 보니 시간의식이 생명의식으로 바뀌고 있음을 알 수 있다.

생명체에 대한 측은지심

구재기 시인이 근년에 집중적으로 탐구하고 있는 것은 뭇 생명체의 끈질긴 생명의식이다. 식물이든 동물이든 인간이든 생명체로 태어난 이상 자신의 생명을 유지하기 위해 얼마나 힘든 시간을 견뎌내야 하는지를 잘 살펴보고서 독자에게 들려주고 있다.

속 찬 배추가
속이 차는 게 아니라 실상은
속 차지 못한 어리디어린 손이
멋모르고 밖으로 밀쳐 나오려는 걸
어머니가 갓난아기를 포대기로 감싸듯
겉으로 얼싸안아주는 것이다

—「속 찬 배추」 부분

속 찬 배추 한 포기에서 시인은 생명체의 끈질긴 생명력을 간파해낸다. 하나의 생명체가 탄생하여 생장해 나가는 과정에서 모체는 얼마나 거룩한 희생을 해야 하는 것인가. 이와 아울러 "갓난아기 손가락 같은 노오란 어린잎"은 "마지막 힘을 다해/배추 속잎을 필사적으로 얼싸안는" 과정이 필요하다. 그래야지만 배추는 "지상에 뿌리를 박고/푸른 하늘을 우러르며/한 포기 속 찬 배추가 되는 것"이다. 햇볕과 공기, 그리고 모성의 보살핌을 비롯한 온갖 것들이 필요한데, 여기에 또 하나 필요한 것이 생명체 자신의 살고자 하는 의지이다.

시인은 어느 날 등 푸른 고등어를 보고 "내 하고많은 눈물 속의 소금기로/간고등어처럼 절여진 어머니의 가슴 바닥"을 생각한다(「등 푸른 고등어」). 어머니의 희생 없이 이 세상 어느 생명이 일어설 수 있으랴. 모성이 위대한 이유는 모든 생명체의 생명의식 발현의 원동력이기 때문이다.

아, 양수를 터뜨리며
내 어머니의 자궁, 그 심해를 마악 벗어나면서
우주를 향해 내지른
내 첫 울음소리가 출렁이고 있다

—「지상의 하늘」 부분

아, 어머니는 살아생전
얼마나 많은 눈물을 사위어내셨을까
지상의 한 자리에는
인절미 같은 어머니의 눈물자국
그리고 눈물자국 속에는

보이지 않는 홍건한 상처들

—「얼음조각은 상처를 보이지 않는다」 제3연

모체는 고통의 극한상황에서 새 생명체를 지상에 내보낸다. 하지만 그 고통은 끝이 아니라 시작이다. 이승에서 헤어지게 될 날이 올 때까지 어머니는 눈물로 세월을 보낸다. 세상의 모든 자식들은 어머니의 눈물을 받아 마시며 자라는 것이다. 그래서 모성은 신성만큼이나 거룩한 것이다. 어미가 새끼에게 젖을 먹일 때, 세상은 사랑과 평화가 넘치는 천국이 된다.

개는 새끼들에게 젖을 물릴 때
사나운 두 눈도 아래로만 곱게 내려뜬다
새끼들을 핥아대는 긴 혓바닥에
봄 햇살 가득가득 들어앉아 있다

—「새끼들에게 젖을 물릴 때」 후반부

모성의 아름다움을 십분 느낄 수 있는 시다. 낯선 행인을 향해 짖어대는 것이 본능인 개도 새끼들에게 젖을 물릴 때는 단 한 번도 짖지 않는다고 한다. 왜일까? 젖을 먹는 새끼들이 놀라거나 화를 내면 안 되기 때문이다.

아버지라고 해서 자식 양육과 교육에 있어 방관자로만 있을 수 없다. 자식 걱정의 정도가 어머니에게 미치지는 못하겠지만 아버지 또한 자식의 바른 성장을 안타깝게 지켜보는 존재이다.

아버지라는 뿌리
난초 화분에서 소중한 새 촉이 돋아나는 걸 보면
어두운 화분 속 깊숙한 곳
난초는 뿌리 끝에 말간 물방울 하나씩 달고
어둠을 헤치며 벋어간다는 게 보인다

—「뿌리 2」 부분

시인의 뿌리에 대한 인식은 생명체에 대한 측은지심과 무관하지 않다. 뿌리는 만물의 근원이라는 뜻을 지니고 있으므로 일정한 시간을 나타내는 시간개념도 함께 갖고 있다. 뿌리는 또한 생명의 원천이기도 하다. 생명체는 무럭무럭 자라다 때가 되면 종족 번식을 하고, 늙고, 병들고, 죽는다. 이번 시집에는 이러한 생로병사에 대한 고찰의 결과물이 대단히 많다. 때가 되면 다 죽게 마련이거늘 우리는 왜 타자를 모함하고 증오하고 해코지하는 것일까.

내 몸의 옷가지를 하나하나 벗어던지면서
시집 간 딸아이를 생각하다가
대학을 무사히 마쳤음에도
아직 취직을 못하여 허둥대는 막내를 생각하다가
문득 아내가 조심조심 다림질하고 있는
아버지의 수의를 바라본다

그런데, 이게 어찌된 일일까

수의에는 주머니가 없다
아버지가 마지막 가시는 길에 갈아입으실
소중한 옷, 수의에는
찌는 듯한 더위도 하루라는 시간도
어둠조차도 전혀 보이지 않는다

—「수의에는 주머니가 없다」 끝부분

이 시는 시인의 가족사라고 해도 과언이 아닐 것이다. 이 시의 키포인트는 화자의 아버지가 마지막으로 입으실 옷을 며느리가 조심스레 다림질하고 있는데 주머니가 안 보여 깜짝 놀라는 장면이다. 사람이 마지막 가는 길에 통장을 가지고 가나 도장을 가지고 가나, 그저 몸 하나 땅에 묻히거나 불태워질 따름이다. 지니고 갈 것은 아무것도 없는데 우리는 아득바득 더 가지려고 하고 아등바등 더 챙기려고 한다. 수의에 주머니가 없는 것은 당연하지만, 그것을 새삼스레 느끼는 것은 생과 사의 거리를 우리가 평소에는 인식하지 못한 채 살아가기 때문이다.

시인은 고향 빈집에 갔다가 "밥이나 먹을 만하니?" 하는 아버지의 목소리를 환청으로 듣는다. 아버지는 이미 돌아가셨고, "이승과 저승 사이는/알지 못할 만큼 먼 거리임이 분명한데" 아버지의 목소리가 너무나 생생히 들려온다. 생명에 대한 고찰은 결국 죽음에 대한 고찰이다. 모든 생명체는 죽음을 예비한 유한한 존재이다. 태어났다는 것은 이미 그에게 죽을 운명이 점지되어 있는 것이다. 자, 그럼 이제, 아내가 등장하는 시를 통해 어떤 이야기를 들려주는지 살펴보기로 하자.

다락에 오르다가 사다리에서 떨어진 아내를
병원에 눕히고 돌아와서는
텅 빈 방안
전등이란 전등 스위치를 모조리 올리고
방안에 가득했던 어둠이란 어둠을
창밖으로 송두리째 내쫓았다
어둠은 오늘
홀로 빈 집을 지키던 아내를
느닷없이 덮친 게 분명했다

—「나의 도반」 앞부분

비극은 어디에나 있다. 불상사는 어디서나 일어난다. 아내를 위해 어둠을 내모는 화자의 행위에는 측은지심이 그것에 멈춰서는 안 되고 배려와 사랑으로 이어져야 한다는 뜻이 담겨 있다. 측은지심이 보시라는 행동으로 이어지지 않을 때, 그것은 생명체에 대한 진정한 사랑이 아닌 것이다.

사랑을 실천하는 방법

이상의 시편에서 우리는 뭇 생명체에 대한 사랑, 부모 자식 간의 사랑, 부부간의 사랑을 확인해보았다. 시인은 시집 제4부에 이르러 사랑이라는 시어에 더욱 집중하게 된다. 시인은 어떤 사랑론을 전개하려는 것일까.

너와 나 사이
일정한 거리로 흐르는 눈물
그 눈물도 물이다 한 줄기로 흐르고
흐르다 보면 하나의 사랑이 된다
지상에서 가장 크고 맑은 물
오직 거대한 하나, 그 바다, 사랑이 된다

—「물에 대하여 1」 마지막 연

시인의 물의 속성에 대해 곰곰이 생각해본다. 땅에서 하늘로 올라간 수증기가 비로 내리고, 빗물은 크고 작은 물줄기를 만들고, 그 물줄기는 강으로 흘러가고, 강은 나중에 바다라는 '하나'를 이룬다. 시인의 상념은 여기서 멈추지 않는다. 사람은 눈물을 흘린다. 눈물도 흐르다 보면 하나의 사랑이 되고, "지상에서 가장 크고 맑은 물"인 "오직 거대한 하나, 그 바다, 사랑"으로 합쳐진다. 사랑이 거대하고 위대한 것임을 말해주기 위해 끌어온 것이 물의 속성이다. 측은지심이나 연민의 정이 눈물을 흐리게 한다. 연필 깎기도 "깎아내면 깎아낼수록 향스럽"고, "그렇게/가슴 깎아가는 사랑"(「연필 깎기」)의 행위이다. 자기를 깎음으로써 사랑을 이룰 수 있다는 얘기이리라. 벽이나 못 같은 사물의 속성도 잘 생각해보면 사랑의 본질을 말해주는 것이기에 시인은 이를 시로 쓴다.

바로 서면,
둘

무너지면,
하나

너와 나
큰 사랑이 된다

—「벽」 전문

무척 에로틱한 내용이다. 바로 서면 너와 나는 둘이지만 무너지면 하나가 된다. 하나가 된다는 것을 성적인 메타포로 이해하지 않을 수 없는데, 시인은 이것을 "큰 사랑"이라고 했다. 즉, 육체적인 사랑만을 말하고자 한 것이 아니다. 타인을 타자로 인식하지 않고 나 자신의 분신이라고 생각하는 것, 그것이 큰 사랑임을 역설하고 있다. 대못은 또 어떤 사랑을 말해주고 있는가.

한 송이 꽃이
한창 아름다운
염기艶氣로 파고들 때

그것을 인내하는
사랑 하나로

나무기둥의 속살은

가장 큰 아픔을 품는다

—「대못」 전문

이 시에서 시인은 사랑에 대해 또 다른 정의를 내린다. 꽃이 아름다운 모양으로(혹은 향기를 풍기며) 피어날 때 나무기둥은 대못이 박히는 아픔을 인내한다. 그것이 사랑이라고 한다. 꽃의 유혹을 참아내는 것, 그것 또한 사랑이라고 한다. 결국 사랑은 나자를 마냥 좋아하는 것이 아니라 관계가 이뤄지는 과정에서 야기되는 수많은 고통까지 참아내는 것에서 나오는 것임을 시인은 들려주고자 이 시를 썼다. 사랑의 고통은 "사랑을 잃은 후/비로소 도달한 밤으로의 긴 행렬"이고, "사람 사는 것이란/그림자 하나씩 끌고 다니며/애써 드러내는 아픔"(「그림자에 대하여」)이라고 한다. 사랑이란 소유욕을 채우는 것이 아니다. 물건을 애지중지할 수는 있지만 그것은 일방적인 애착일 뿐 사랑의 나눔이 아니다. 교감 없이는 사랑도 없다. 그래서 "아, 진정한 사랑으로/사랑에 빠질 수 있다면/나는 결코 너를/소유하고 싶지 않다"(「운용매를 바라보며」)고 말하는 것이 아니랴. 사랑에 대한 멋진 정의는 아래의 시에서 확인해볼 수 있다.

그대, 나와 사랑하는 사이

닫혀진 창문, 보이지 않는 가슴속

이제부터 안에서 밖을 바라볼 일이다

너는 나의 속, 나는 너의 속에서

서로가 서로를 바라볼 일이다
그렇게 사랑을 살펴서 볼 일이다

—「창문 열기」 부분

사랑하게 된 두 사람은 너는 나의 속에서, 나는 너의 속에서 타자를 바라본다. 사랑은 나눔이기에 혼연일체와 일심동체를 가능케 한다. 이렇게 되기 위해선 타인에 대한 배려와 자신을 버리는 희생정신이 필요 불가결하다. 이런 사랑은 금방 뜨거워졌다가 금방 식은 사랑이 아니다. 오랜 시간을 두고 살펴보고 인내하는 과정에서 서서히 뜨거워졌으므로 쉽게 식지도 않는다. 주변을 살핌으로써 핵심에 도달하는 회화상의 방법인 홍염烘染을 소재로 해서 쓴 시에도 사랑의 실천 방법이 나온다.

모여 사는 숲의 나무들이
서로 이야기를 나누듯
따스한 손길을 서로 내밀면
이별도 빛의 무게를 견디어주는
보시報施, 가난처럼
풍요를 기리게 하는 것

—「홍염」 부분

사랑은 결국 나누는 것이다. 베푸는 것이다. 내가 사랑을 받으려고 할 것이 아니라 사랑을 주변 사람들에게 나누어주면 그 사랑이 언젠가 내게 되돌아온다. 사물들에게 사랑을 쏟아보라.

사물도 내게 뜻을 전해온다.

숲의 나무들을 보면 잘 알 수 있다고 시인은 말한다. 나무들은 제각각 자신의 자리를 지키며 잎을 피우고 열매를 맺는다. 그러면서도 숲의 질서를 파괴하지 않는다. 조락의 계절이 오면 낙엽을 떨어뜨려 거름을 만든다. 그 거름을 빨아들여 다시 싹을 틔운다. 햇빛과 바람과 눈보라와 함께 만물의 이치에 순응하는 것이다. "이별도 빛의 무게를 견디어주는/보시"이며, "가난처럼/풍요를 기리게 하는 것"이라고 했다. 숲의 나무들이 주변 사물과 어떤 관계를 맺고 어떻게 사랑을 하는지 「홍염」에서 들려준 시인은 시집의 마지막을 아래의 시로 장식한다.

> 나무는 사랑에 빠져 있다
> 태어난 자리, 바로 선 자리 옮길 줄을 모른다
> 단 한 번도 다른 곳에 한 눈을 판 적 없다
> 신흙이건 황토이건
> 그 한 자리에서 태어나고 자라
> 길고 곧은 뿌리를 내리고
> 나무는 사랑에 빠져 있다

—「나무는 사랑에 빠져 있다」 앞부분

우리는 나무가 뿌리를 내린 그 자리에서 생애 내내 움직일 줄 모른 채 현실순응적인 삶을 살아가는 존재로 인식하고 있다. 그런데 시인이 보건대 나무는 사랑에 빠져 있다. 누구를, 어떻게 사랑한다는 것일까?

뿌리로부터 빨아올린 작은 물기 하나로
잎을 피우고, 아름다운 빛깔로 꽃을 피운다
바람결에 몸을 흔들고 새들을 불러
마침내 사랑을 노래한다
가장 눈부신 사랑은 꽃보다도 고운 것
한 알의 열매를 남기고
모든 이파리를 쌀쌀히 뽑아내어
추운 날이 오기 전
태어나고 바로 서 온 자리, 쏠쏠히 흙을 덮는다
흙을 덮어 제 몸의 온기로 뿌리를 적신다

—「나무는 사랑에 빠져 있다」 중반부

나무는 스스로 잎을 피우고 꽃을 피운다. 하지만 이것은 자기만 살겠다고 하는 이기적인 사랑이다. 나무는 바람결에 몸을 흔들다 새들을 불러 모은다. 나눔의 사랑, 베풂의 사랑이다. 그런 연후에 한 알의 열매를 남기고 "흙은 덮어 제 몸의 온기로 뿌리를 적신다"는 것은 결국 화합이고 융화이다. 사랑은 보시 행위의 다른 말이다. 시인은 화물트럭 위에 실려 있는 소나무를 도시 근처 아파트 공사장에서 본 모양이다. 잘린 뿌리를 총총 감은 채 잎잎에 차운 이슬을 달고 있는 가엾은 소나무를. 하지만 사랑에 빠진 소나무이기에 시인은 나무가 한없이 거룩한 존재로 여겨진다. 어머니의 사랑이 그렇듯이 하염없는 베푸는 이타적인 사랑에 감동한 것이고, 그 감동이 독자들에게 고스란히 전달될 것이다. 우리는 모두 생명을 갖고 있는 유한자이지만 사랑을 실천함으로써 우주의 이법에 동참하고, 그럼으로써 영원을 꿈꿀 수 있음을 시인은 나에게 가르쳐주었다.

해설자는 지금까지 구재기 시인이 새 시집을 통해 무슨 이야기를 들려주려고 한 것인지 세 가지 측면에서 짚어보았다. 강에서 몇 바가지의 물을 퍼보았을 따름이다. 해설자가 추스르지 못한 보다 깊은 의미는 독자들의 몫이다. 새 시집 출간을 축하드리며, 시족보다 못한 해설의 붓을 거둬들인다.

문학의전당 · 시인선 110
편안한 흔들림

초판인쇄 2011년 3월 10일
초판발행 2011년 3월 15일

지 은 이 구재기
펴 낸 이 김충규
펴 낸 곳 **문학의전당**
출판등록 제387-2003-00048호(2003년 9월 8일)

주　　소 121-718 서울특별시 마포구 공덕2동 404번지 풍림VIP빌딩 202호
전화번호 02-852-1977
팩시밀리 02-852-1978
블 로 그 http://blog.naver.com/mhjd2003
전자우편 mhjd2003@naver.com

I S B N 978-89-93481-87-7 03810